## Cabinet de **M. ALBRECHT**, de Schwerin.

# TABLEAUX

## ANCIENS

### VENTE

Les Mercredi 20 & Jeudi 21 Mars 1861.

| Mᵉ DELBERGUE-CORMONT, | M. DHIOS, |
|---|---|
| COMMISSAIRE-PRISEUR. | EXPERT. |

EXEMPLAIRE DE DHIOS

**RENOU ET MAULDE**

IMPRIMEURS DE LA COMPAGNIE DES COMMISSAIRES-PRISEURS

Rue de Rivoli, 144.

# CATALOGUE

DE

## LA BELLE COLLECTION

DE

# TABLEAUX

## ANCIENS

COMPOSANT LE CABINET DE

## M. ALBRECHT, de Schwerin

FOURNISSEUR DE SON ALTESSE LE GRAND-DUC DE MECKLEMBOURG

DONT LA VENTE AURA LIEU

## HOTEL DES COMMISSAIRES-PRISEURS

### *Rue Drouot, n° 5*

SALLE N° 7

## LES MERCREDI 20 & JEUDI 21 MARS 1861

A 2 HEURES ET DEMIE

---

Par le ministère de M<sup>e</sup> **DELBERGUE-CORMONT**, Comm<sup>re</sup>-Priseur,
rue de Provence, 8,

Assisté de **M. DHIOS**, Expert, rue Le Peletier, 33,

*Chez lesquels se distribue le présent Catalogue.*

---

**EXPOSITIONS :**

PARTICULIÈRE. — Le *Lundi* 18 Mars 1861, de 1 heure à 5 heures.

PUBLIQUE. — Le *Mardi* 19 Mars, de 1 heure à 5 heures.

**1861**

## CONDITIONS DE LA VENTE.

# DÉSIGNATION



## DES

# TABLEAUX

## AMBERGER (Christophe).

1 — Portrait de la mère de l'empereur Charles V
et de son fils, enfant.

Ils sont représentés à mi-corps, la mère tenant son fils par
la main; elle porte une robe en drap d'or ornée de dessins,
son cou est orné de colliers garnis de pierreries, coiffure très-
curieuse; l'enfant porte une toque rouge, un turban et un
vêtement garni d'hermine.

Bois.—H. 59 c. L. 43 c.

## BACKER (Jacques de), signé.

2 — Retour de chasse.

Sur le devant, à droite, un groupe de cinq jeunes filles,
assises et debout, se délassent des fatigues d'une partie de
chasse; l'une joue d'un instrument et accompagne une jeune
fille qui tient un cahier de musique; en arrière et debout,
une autre, appuyée sur un bouclier, porte le carquois garni
de flèches; près d'elle, une de ses compagnes lui indique de
la main le gibier qui est posé à terre. Fond de paysage.

Toile.—H. 200 c. L. 243 c.

# BARBIERI (dit le GUERCHIN).

**3 — L'Annonciation.**

Toile.—H. 141 c. L. 122 c.

# BRECKLINCAMP (QUIRYN).

**4 — Intérieur d'un cordonnier.**

Un homme, portant la barbe blanche, est assis dans une grande chambre éclairée par une croisée à la pierre de Hoghe, devant une table chargée d'outils; derrière lui deux tonneaux et divers ustensiles.

Bois.—H. 51 c. L. 65 c.

# BOL (FERDINAND).

**5 — Joseph, dans la prison, explique le songe à l'échanson et au panetier.**

Superbe de qualité.

Toile.—H. 165 c. L. 212 c.

# DU MÊME.

**6 — Portrait d'une dame hollandaise.**

Sa tête est ornée d'une coiffure en dentelle noire; elle porte une collerette blanche tuyautée, qui ressort sur une robe noire.

Bois.—H. 62 c. L. 51 c.

# DU MÊME.

**7 — Portrait d'une dame hollandaise.**

Elle est vêtue d'une robe noire, d'une collerette et d'un bonnet plat.

Toile.—H. 73 c. L. 65 c.

## BOTICELLI.

8 — La Vierge en adoration devant l'Enfant Jésus. Derrière, de chaque côté, un saint et une sainte tenant un lis.

Peinture sur fond d'or.

Bois de forme cintrée dans le haut.—H. 54 c, L. 39 c.

## BRAUWER.

9 — Intérieur d'une tabagie.

Bois.—H. 23 c. L. 19 c.

## BREUGHEL (JOHAN).

10 — Fleurs et nature morte.

Une coupe en orfèvrerie remplie de fleurs, un coffret en laque rempli de bijoux et de pièces d'or; une aiguière contenant des fleurs, une montre et plusieurs bagues, le tout posé sur une table.

Bois.—H. 48 c. L. 67 c.

## BREUGHEL (JOHAN), RUBENS ET VAN KESSEL.

11 — Paysage animé.

Un Satyre poursuit une Nymphe qui s'enfuit vers une mare où sont des oiseaux aquatiques.

Bois.—H. 52 c. L. 86 c.

## BREUGHEL (JEAN) ET VAN BALEN.

12 — La Sainte Vierge tenant l'Enfant Jésus dans ses bras.

La Sainte Vierge, assise au milieu d'un paysage, tient l'Enfant Jésus dans ses bras. Autour d'elle, des fleurs de toute espèce; au-dessus de sa tête, trois anges viennent présenter des fruits à son divin Fils; sur la droite, une rivière; plus loin, sur la hauteur, on aperçoit un vieux château.

Bois.—H. 53 c. L. 67 c.

## BREUGHEL (Pierre, dit le vieux), signé 1618.

**13 — Vue d'un village de Flandre.**

Au milieu d'une place de village, une troupe d'enfants, tambours et violons en tête, reviennent d'une cérémonie où trois petites filles ont été couronnées ; sur le devant, à droite, une femme donne à manger à des poules.

Bois.—H. 47 c. L. 75 c.

## BREUGHEL (Pierre, le vieux).

**14 — Un homme présente à une femme assise un arc, qui est le prix qu'il vient de remporter au tir.**

## DU MÊME.

**15 — Scène familière : un homme embrasse une jeune femme.**

Pendant du précédent.

Forme ronde.—H. 17 c. L. 16 c.

## CALABRÈSE.

**16 — Portrait d'un vieillard vu de profil.**

Il porte une longue barbe.

Toile.—H. 73 c. L. 61 c.

## CANALETTI (Ecole de).

**17 — Vue d'une place à Venise animée de figures.**

Toile.—H. 82 c. L. 159 c.

## DU MÊME.

**18 — Vue d'un canal à Venise : barques et figures.**

Pendant du précédent.

Toile.—H. 82 L. c. 159 c.

## CANO (ALONZO).

19 — Saint Antoine de Padoue tenant l'Enfant Jésus dans ses bras, pendant que la Vierge lui apparaît.

Toile.—H. 27 c. L. 21 c.

## CARRACHE (École de).

20 — Sainte Madeleine repentante.

Toile.—H. 99 c. L. 115 c.

## CIGNANI (CARLO).

21 — L'Amour endormi.

Charmant tableau d'un effet de lumière très-agréable.

Toile.—H. 53 c. L. 87 c.

## CRANACH (LUCA), signé 1529.

22 — Judith tenant la tête d'Holopherne.

Elle est debout, tient la tête d'Holopherne d'une main et l'épée de l'autre; à sa gauche, une femme tient un sac ouvert qui doit recevoir la tête de ce guerrier; à sa droite, une autre suivante regarde avec impassibilité cette scène. Riches costumes.

Bois.—H. 54 c. L. 38 c.

## CRANACH (LUCA), signé du monogramme et la date 1526.

23 — Portrait de Luther.

Superbe qualité.

Bois.—H. 36 c. L. 23 c.

## DU MÊME.

24 — Portrait de la femme de Luther.

Pendant du précédent.

Bois.—H. 36 c. L. 23 c.

## CRESPI.

**25** — Paysage historique avec nymphes et satyres
qui dansent sur le devant.

Toile.—H. 73 o. L. 104 c.

## CLAUDE GELÉE (dit le LORRAIN, attribué à).

**26** — Vue d'un port de mer italien.

Devant un riche palais situé au bord de la mer, des mate-
lots sont occupés au chargement de pièces de canon sur la
mer, qui est d'un beau calme; trois vaisseaux sont amarrés;
dans le fond une vieille tour, belle perspective.

Toile.—H. 76 c. L. 100 c.

## DU MÊME.

**27** — Paysage historique.

Sur la droite, un temple en ruines où l'on voit encore des
restes de sa grandeur passée; dans des niches sont placées
des statues de dieux et déesses de la fable.

Au centre, sur le devant, un groupe de trois personnages;
à gauche, une femme, un paquet sur la tête, suit le bord
d'une rivière qui se perd dans le lointain.

Toile.—H. 71 c. L. 102 c.

## COYPEL.

**28** — Flore et Zéphyre.

La déesse vient de descendre de son char; elle est vue
assise, le coude appuyé sur un coussin de velours; elle est
vêtue de draperies bleues et jaunes qui laissent la gorge à nu;
Zéphyre est près d'elle et lui fait part de son amour, derrière
eux l'Amour tient un flambeau; à gauche, un satyre et une
nymphe leur présentent une corbeille de fruits; à droite,
groupe de satyres et d'enfants; dans les nuages des Amours
tiennent des guirlandes de fleurs.

Toile.—H. 43 c. L. 56 c.

## DENNER (Balthazar).

29 — Portrait d'un prince de la famille de Mecklembourg.

Toile.— H. 75 c. L. 61 c.

## DIEZLER.

30 — Vue prise sur les bords du Rhin.

Bois.—H. 29 c. L. 33 c.

## DU MÊME.

31 — Vue d'une ville située sur les bords du Rhin.

Pendant du précédent.

Bois.—H. 29 c. L. 33 c.

## DUGHET (Gaspard).

32 — Paysage coupé par une rivière, traversée par un pont. Sur le devant, un cavalier et un villageois.

Toile.—H. 75 c. L. 98 c.

## DURER (Albert), signé 1524.

33 — Portrait d'une jeune dame.

Les mains croisées sur sa poitrine, elle est coiffée d'un chapeau rond garni d'une boucle en pierreries et or; son corsage noir laisse apercevoir ses épaules, son cou est orné d'un collier. Traité avec une grande finesse. Ce tableau porte diverses inscriptions et le monogramme.

Bois.—H. 29 c. L. 20 c.

## DURER (Albert), monogramme 1510.

34 — La Sainte Vierge tenant l'Enfant Jésus endormi dans ses bras.

Bois.—H. 41 c. L. 31 c.

# DURER (Ecole d'ALBERT).

**35 — Sainte Famille.**

Bois.—H. 56 c. L. 46 c.

# DYCK (ANTOINE VAN).

**36 — Saint en extase.**

Un saint, une main sur la poitrine et l'autre appuyée sur un livre, est en extase devant un ange; le Christ et le Père Éternel lui apparaissent dans les nuages.

Très-belle esquisse pleine de sentiment et de distinction, qualités habituelles de ce grand artiste.

Bois.—H. 40 c. L. 31 c.

# DYCK (ANTOINE VAN).

**37 — Le Christ mort.**

Le Christ, descendu de la croix, est soutenu par la Vierge, les regards pleins de douleur de voir les souffrances de son fils; près du Christ, trois anges agenouillés prient.

Toile.—H. 64 c. L. 84 c.

# DYCK (Ecole de VAN).

**38 — La Vierge et l'Enfant Jésus.**

La sainte Vierge, les yeux levés vers le ciel, semble déjà prévoir les souffrances de son divin Fils; elle est debout; elle tient l'Enfant Jésus, qui est entièrement nu, près d'une colonne.

Toile.—H. 122 c. L. 94 c.

# DU MÊME.

**39 — Le Portement de croix.**

Composition de neuf figures.

Toile.—H. 100 c. L. 127 c.

## DYCK (École de Van).

40 — Le Christ en croix; au pied de la croix, la Madeleine en pleurs.

Cuivre.—H. 31 c. L. 22 c.

## GAROFALO (Benvenuto).

41 — Le Mariage mystique de sainte Catherine.

L'Enfant Jésus, sur les genoux de sa mère, offre l'anneau à sainte Catherine, qui lui présente sa main, agenouillée devant lui; à droite, le petit saint Jean derrière saint Joseph; dans des nuages une Gloire d'anges. Fond de paysage.

Cuivre. —H. 29 c. L. 23 c.

## HEEMSKERCK (Martin).

42 — Fumeurs et Buveurs.

Bois.—H. 24 c. L. 18 c.

## HEUCHS (Guillaume de).

43 — Paysage boisé, traversé par une route, sur laquelle on voit un chariot attelé de deux bœufs, où sont plusieurs villageois, suivi de quelques moutons et d'un âne. Sur le devant, à droite, une mare où un chien se désaltère; dans le fond, des montagnes.

Toile.—H. 44 c. L. 65 c.

## HOLBEIN (Hans), attribué à.

44 — Portrait d'homme à longue barbe, coiffé d'une toque noire et vêtu d'un habit garni de fourrures. Vu de face.

Bois.—H. 41 c. L. 36 c.

# HOLBEIN (Attribué à).

**45 — Portrait de Bugenhagen, contemporain de Luther.**

Il est représenté de face, vêtu d'un manteau noir et coiffé d'une toque.

Ce tableau porte une inscription et la date de 1528.

Bois.—H. 58 c. L. 44 c.

# HOLBEIN (Ecole de).

**46 — Les saintes femmes en prières.**

Quatre femmes dont trois sont agenouillées, l'une tenant un vase, l'autre une croix, prient avec ferveur. Derrière, à droite, on voit un monstre; dans le fond, une ville.

Bois.—H. 123 c. L. 75 c.

# DU MÊME.

**47 — Trois personnages dont l'un est agenouillé les mains jointes. A gauche, un autre vêtu d'un manteau royal fleurdelisé, tient le sceptre; à droite, un saint stigmatisé est habillé en jardinier.**

Ce tableau et le précédent ont dû faire partie d'un autel et en sont les deux côtés.

Toile.—H. 123 c. L. 75 c.

# DU MÊME (Monogramme 1536).

**48 — Portrait de Thomas Morus.**

Ce personnage est représenté à mi-corps et vu de trois quarts; il est nu-tête, de longs cheveux encadrent sa figure, il porte une tunique noire garnie de fourrures, ses deux mains sont appuyées sur une table.

Bois.—H. 81 c. L. 67 c.

# HOLBEIN (École de).

**49 — Portrait de Thomas Morus.**

Il est représenté tête nue, les doigts remplis de bagues, un vêtement brodé d'or et garni de fourrures.

Bois.—H. 57 c. L. 42 c.

# HOREMANS (Jean).

**50 — Scène d'intérieur.**

Plusieurs personnes sont placées autour d'une table, assises et debout, et semblent écouter un des leurs qui lit une gazette, assis près d'une croisée.

Toile.—H. 38 c. L. 32 c.

# HUGO (Van der Goès).

**51 — Descente de croix.**

Au milieu d'un paysage, le Christ vient d'être descendu de la croix ; il est soutenu par un saint et par la Vierge, qui l'embrasse ; derrière, saint Joseph d'Arimathie ; un homme portant de la barbe et un ange soutiennent son bras ; à droite, les saintes femmes ; dans l'air, de chaque côté, planent deux anges, l'un porte la couronne d'épines, l'autre un linge ; dans le fond le saint Sépulcre.

Bois.—H. 74 c. L. 84 c.

# HUYSUM (Jean Van), signé.

**52 — Vase contenant un bouquet de fleurs.**

Toile.—H. 127 c. L. 95 c.

# JORDAENS (Jacques).

**53 — Chasseur soufflant dans une corne; il est entouré de chiens lévriers.**

Paysage par Wildens.

Toile.—H. 78 c. L. 93 c.

# KORNELIS (Kornelissen), appelé Corneille de HAARLEM.

## 54 — Sainte Marie soutenant le Christ mort sur ses genoux.

OEuvre remarquable, autant par le sentiment divin des figures, que par le savoir et la pureté du dessin.
Maître fort recherché en Hollande.

Toile.—H. 175 c. L. 197 c.

# LEEUW (Van der).

## 55 — Paysage avec animaux.

Près d'une barrière en planches et de trois troncs d'arbres, on voit deux belles vaches, l'une couchée, l'autre debout; dans le fond plusieurs vaches ; à gauche, un bois.

Toile.—H. 31 c. L. 40 c.

# LINGELBACH (Jean).

## 56 — Vue d'un château avec pièce d'eau et parc.

Au centre, deux valets tiennent trois chevaux sellés et attendent leurs maîtres; plus loin un carrosse attelé de six chevaux vient d'amener plusieurs personnages de distinction qui sont reçus sur la porte par le maître du château; à droite, sur le devant, une fontaine monumentale près de laquelle sont des musiciens, des enfants et un chien.

Toile.—H. 65 c. L. 79 c.

# DU MÊME.

## 57 — Vue d'un riche palais.

Sur une vaste cour, on voit deux bâtiments, où l'on arrive par des escaliers d'honneur, chevauchent des dames et des cavaliers ; à droite, sur le devant, assis, debout et couchés, divers groupes de marchands et de mendiants ; au milieu une fontaine, plus loin un parc avec des statues.
Pendant du précédent.

Toile.—H. 65 c. L. 79 c.

## METZIS (Quentin).

58 — Suzanne au bain surprise par les deux vieillards.

Il est à remarquer que cette page sort du faire sec ordinaire de ce maître, car ce tableau est d'une touche large et gras de pinceau. Belles carnations; draperies; fond d'architecture.

Bois.—H. 170 c. L. 192 c.

## MIÉRIS (Guillaume).

59 — Portrait d'un médecin.

Il est vu debout, la tête tournée vers la droite ; ses regards se portent sur une fiole qu'il tient d'une main, l'autre est posée sur sa poitrine. Il porte un costume en velours violet et un manteau noir est jeté sur ses épaules; son cou est orné d'une collerette brodée, sa tête est couverte d'une toque en velours vert, surmontée d'un plumet. Sur la table, un tapis, un panier en osier, une cuillère et un flacon; derrière, une bibliothèque, que laisse voir une draperie soulevée.

Bois.—H. 21 c. L. 18 c.

## MIREVELT (Michel-Janson).

60 — Portrait d'une jeune dame hollandaise.

Elle est vue debout jusqu'aux genoux, presque de face, vêtue d'une robe noire garnie en riches dentelles; son cou est orné d'une collerette en dentelle qui retombe sur ses épaules. D'une main, elle tient un éventail; elle porte une coiffure en diamants.

Bois.—H. 109 c. L. 86 c.

## MOERENHOUDT (Signé 1839).

**61 — Effet d'hiver.**

Sur une rivière glacée, une famille, avec un traineau attelé d'un cheval, est arrêtée sur le devant.

Bois.—H. 24 c. L. 32 c.

## MUSCHER.

**62 — Scène d'intérieur.**

Une dame, une jeune fille et un cavalier font de la musique; près d'eux, est un chien sous une table.

Toile.—H. 42 c. L. 37 c.

## NEEFS (Pierre).

**63 — Intérieur d'église animé de figures.**

Bois.—H. 35 c. L. 49 c.

## NEER (Arthur Van der).

**64 — Vue prise en Hollande.**

L'artiste a représenté dans ce tableau un de ces villages de Hollande baignés par une rivière couverte d'îlots.

Sur le devant, à gauche, un chemin, sur lequel sont plusieurs villageois, conduit à un village dont on voit les maisons, situées au bord de l'eau; au centre, un tronc d'arbre; à droite, un filet de pêcheur, près de troncs d'arbres.

Plus loin, quelques vaches paissent; sur la rivière, quelques barques.

Tous ces objets sont éclairés par un clair de lune qui répand sa lumière dans toutes les parties du tableau, avec cette magie que Van der Neer seul a possédé pour ses effets de nuit.

Toile.—H. 51 c. L. 65 c.

# NETSCHER (Gaspard).

**65 — Portraits.**

Deux jeunes filles, richement vêtues, parées de plumes et de fleurs dans leurs coiffures; près d'elles, un chien et un perroquet.

Toile.—H. 118 c. L. 102 c.

# OORT (Van).

**66 — Le Christ couronné d'épines.**

Bois.—H. 49 c. L. 36 c

# OSTADE (Isaac).

**67 — Le Maître d'école.**

Dans une salle basse, couverte en chaume, un vieux maître d'école trône au milieu d'une troupe d'écoliers des deux sexes; l'un est devant lui à réciter sa leçon.

Jolie qualité du maître.

Bois.—H. 34 c. L 44 c.

# PALAMÈDES.

**68 — Scène d'intérieur.**

Deux dames et deux cavaliers jouent au tric-trac.
Un autre, adossé sur une chaise, tient un verre qu'il vient de vider.

Bois.—H. 37 c. L. 51 c.

# DU MÊME.

**69 — Scène d'intérieur.**

L'on voit deux dames et deux cavaliers après leur déjeûner.
Pendant du précédent.

Toile.—H. 37 c. L. 51 c.

## PIAZETTA.

70 — Portrait d'un jeune garçon.

Il tient son chapeau et un bâton.

Toile.—H. 49 c. L. 41 c.

## DU MÊME.

71 — Jeune garçon, la physionomie riante, cachant un coq dont on ne voit que la tête.

Toile.—H. 49 c. L. 41 c.

## PRINS.

72 — Paysage.

Sur un chemin, une femme tenant une petite fille par la main, se dirige vers une maison construite en briques, ombragée par un grand arbre, dont l'entrée est fermée par des grilles en bois; dans le fond massif d'arbres.

Toile.—H. 14 c. L. 20 c.

## REMBRANDT (École de).

73 — Un Seigneur escorté par des soldats.

Tableau traité avec beaucoup de vigueur.

Bois.—H. 51 c. L. 41 c.

## DU MÊME.

74 — Mendiantes recevant l'aumône d'un villageois.

Toile.—H. 62 c. L. 50 c.

## ROBUSTI (dit le TINTORET).

75 — Portrait d'un noble Italien avec ses armes.

Il est vu de trois quarts, assis dans un fauteuil, un mouchoir à la main.

Toile.—H. 131 c. L. 99 c.

## ROGER (Van der Wyde).

**76** — Saint Augustin, sainte Hélène et la Vierge tenant l'Enfant Jésus.

Ils sont représentés debout; au milieu, saint Augustin, vêtu des insignes d'évêque, tient un cœur dans sa main ; à sa droite, sainte Hélène tenant la croix ; à gauche, la Vierge et l'Enfant Jésus.
Derrière, une draperie brodée d'or.

Bois.—H. 130 c. L. 138 c.

## ROSALBA.

**77** — Portrait d'une jeune femme avec des fleurs dans les cheveux.

Bois.—H. 42 c. L. 36 c.

## RUBENS (P.-P.).

**78** — Un Prêtre recevant la tiare et la crosse des mains d'un ange.

Bois.—H. 17 c. L. 24 c.

## DU MÊME.

**79** — Saints prosternés aux pieds de la Vierge et de l'Enfant Jésus.

Ces deux esquisses ne sont qu'indiquées, mais on sent la main de l'habile maître.

Bois.—H. 17 c. L. 24 c.

## AU MÊME (Attribué).

**80** — L'évêque Ambroise défend à l'empereur Théodose l'entrée de l'église.

Dans cette composition, on aperçoit dans le haut du tableau, à gauche, des lances qui n'existent pas dans celui qui est gravé d'après ce maître.

Toile.—H. 154 c. L. 152 c.

## RUBENS (Attribué).

**81** — Portrait de la seconde femme de Rubens, vue presque de face.

Elle est représentée coiffée d'un chapeau orné d'une plume ; les cheveux bouclés ; la gorge découverte ; un collier de perles entoure son cou. Elle porte une robe à la Médicis.

Toile.—H. 63 c. L. 51 c.

## AU MÊME (Attribué).

**82** — Portrait de la première femme de Rubens, avec son amant qui la tient dans ses bras dont elle cherche à se dégager.

Tableau d'une belle couleur, d'une touche caressée dans la tête de la femme et large dans les détails.

Bois.—H. 64 c. L. 49 c.

## RUBENS (École de).

**83** — Saint Paul tenant le glaive et un livre. Buste à mi-corps.

Toile.—H. 62 c. L. 52 c.

## RUGENDAS.

**84** — Combat de cavalerie.

Bois—H. 28 c. L. 38 c.

## DU MÊME.

**85** — Même genre de composition.
Pendant du précédent.

Bois.—H. 28 c. L. 38 c.

# RUYSDAEL (Jacques).

**86 — Marine.**

La mer est légèrement agitée ; les six navires de haut bord qui ornent cette marine sont poussés par la brise vers des rochers que l'on voit sur la droite.

Bois—H. 60 c. L. 85 c.

## DU MÊME.

**87 — Marine.**

La mer est plus agitée que dans le précédent ; quelques vaisseaux de haut bord et quelques bateaux pêcheurs sont poussés par un vent violent.

Bois.—H. 60 c. L. 85 c.

# RUYSDAEL (Jacques), attribué à.

**88 — Paysage.**

A l'entrée d'un bois, un voyageur est assis sur le bord du chemin ; d'autres se dirigent vers une chaumière que l'on aperçoit à travers les arbres. Sur le premier plan, à droite, une rivière coule en cascades.

Bois.—H. 73 c. L. 107 c.

# SCHŒRELL (Jean).

**89 — Sainte Madeleine, représentée à mi-corps, tenant un vase de parfum. Son cou est orné de colliers en bijoux garnis de perles.**

Bois.—H. 53 c. L. 35 c.

# SNEYDERS (François).

**90 — Le Singe et le Chat.**

Une coupe en orfévrerie, remplie de fruits, est posée au milieu d'une table. D'un côté, un singe mange une poire ; de l'autre, un chat semble convoiter quelques oiseaux morts.

Bois.—H. 73 c. L. 105 c

## SON (Jean Van).

**91 — Fruits et nature morte.**

Sur une table, couverte d'un tapis vert à franges d'or, sont posés trois plats, une coupe et un gobelet en argent. Dans l'un, un citron et des crevettes, près d'un verre ; une belle grappe de raisin blanc, près d'un coquillage ; au-dessus, une coupe avec des abricots et des cerises ; vers la droite, un plat en faïence où sont deux homards ; au bas de la table, une corbeille remplie de raisins muscat, pêches, feuilles de vignes et un plat d'argent.

Toile.—H. 98 c. L. 90 c.

## SPRANGER (Bartholomé).

**92 — La Nativité.**

Placé dans une crèche, l'Enfant Jésus, qui vient de naître, est adoré par les bergers, qui sont accourus des alentours, avertis par leur étoile. Sur des nuages plane une gloire d'anges chantant les louanges de la naissance de Jésus.

Finesse, couleur, effet de lumière d'une grande beauté ; dessin et types rappelant les plus grands maîtres italiens.

Bois.—H. 66 c. L. 50 c.

## TENIERS (David le jeune).

**93 — Corps de garde.**

Sur le premier plan, à gauche, un officier, debout, tient d'une main le bâton du commandement et de l'autre son épée. A gauche, une quantité d'armes, casques, cuirasses, mousqueton et un étendard. Dans le fond, des soldats jouent aux cartes.

Cuivre.—H. 38 c. L. 53 c.

## TENIERS (Attribué à David).

**94 — Entrée d'un village.**

Sur le chemin, deux villageois causent ensemble ; près d'eux, on voit un chien ; vers la droite, près d'une maison dont la femme est sur le seuil de la porte, trois hommes font la conversation.

Bois.—H. 27 c. L. 27 c.

## TERBURG (GÉRARD).

**95** — Portrait d'une dame hollandaise.

Elle est vue debout et de face, un bonnet plat sur la tête; elle est vêtue d'une robe noire, avec un col plat et des manches relevées; les deux mains croisées, elle tient un éventail.

Toile.—H. 48 c. L. 38 c.

## TOL (DOMINIQUE VAN).

**96** — Soldats attablés.

Sous une arcade, dans une forteresse, trois soldats et une femme sont assis autour d'une table. Le premier, à gauche, tient un cruchon d'une main et sa pipe de l'autre. Celui de droite porte un casque et une cuirasse, assis sur un banc, les coudes appuyés sur la table; en face de lui, le troisième badine avec une femme, à laquelle il présente un verre plein.

Dans le coin, à terre, une cuirasse et un casque; au-dessus d'eux, un étendard; dans le lointain une ville.

Bois.—H. 51 c. L. 38 c.

## TORNWLIET (JACQUES), signé 1667.

**97** — Un Chasseur, le fusil sur l'épaule, revient de la chasse chargé de gibier et suivi d'un chien.

Cuivre.—H. 33 c. L. 24 c.

## DU MÊME.

**98** — La Marchande de fruits et de légumes.

Cuivre.—H. 33 c. L. 24 c.

## UDEN (LUCA VAN).

**99** — Paysage boisé, orné de figures, par David Teniers.

Toile.—H. 83 c. L. 120 c.

## VANNUCHI (École d'ANDREA DEL SARTE).

**100** — La Vierge, Jésus et saint Jean se reposant dans un paysage.

Bois.—H. 55 c. L. 45 c.

## VECCHIA (PIERRE DE LA).

**101** — Antiochus détruit les livres de la loi des Juifs dans le temple de Jérusalem,

Toile.—H. 117 c. L. 162 c.

## VONCK (C., signé 1657).

**102** — La Vierge, Jésus et saint Jean, au milieu d'un paysage.

Toile.—H. 110 c. L. 141 c.

## ZUCARELLI.

**103** — Paysage.

Sur le devant, plusieurs bergers et une bergère gardent des bestiaux ; derrière eux , sur une grande élévation, un temple construit sur un rocher, d'où coule une cascade.

Toile.—H. 142 c. L. 102 c.

## ZUCHERO.

**104** — La Circoncision de Jésus au temple.

La Vierge, tenant l'Enfant Jésus dans ses bras, est agenouillée devant l'autel et présente son divin fils. Cette composition est animée par quinze figures.

Bois.—H. 33 c. L. 45 c.

# WENIX (J.-B.).

**105** -- Portrait d'homme.

Il est vu de face à l'entrée d'un parc, le bras gauche appuyé sur une fontaine; de la main droite il tient un coquillage de mer, avec lequel il reçoit de l'eau qui coule de la gueule d'un dauphin.

Il porte la perruque Louis XIV, des manchettes et un jabot brodé.

Toile.—H. 123 c. L. 99 c.

# WOUVERMANS (Jean).

**106** — Paysage.

Sur le premier plan, à gauche, un homme descend sur un chemin bordé par deux grands arbres; au centre, coule une rivière traversée par un petit pont sur lequel un batelier conduit une barque. Dans le fond, des terrains accidentés sur divers plans.

Plans lointains, tons clairs et agréables.

Bois.—H. 55 c. L. 70 c.

# WYNANTS (Jean).

**107** — Paysage.

Sur la droite, un chemin où l'on voit une femme montée sur un âne, suivie d'un chien et d'un jeune garçon.

Derrière, une femme assise à l'ombre de grands arbres et à l'entrée d'un bois.

Au centre, coule une rivière au bord de laquelle est un tronc d'arbre; dans le fond, on aperçoit des maisons à travers de grands arbres.

Toile.—H. 45 c. L. 59 c.

# WYCK (Thomas).

**108** — Vue de ville.

Une famille se repose sous l'arche d'un vieil aqueduc.

Toile.—H. 62 c. L. 53 c.

## ÉCOLE ALLEMANDE.

**109** — Concert champêtre.

Toile.—H. 72 c. L. 88 c.

## ANCIENNE ÉCOLE ALLEMANDE.

**110** — La Sainte Vierge une couronne sur la tête;
devant elle, l'Enfant Jésus assis sur un
coussin, posé sur une table.

Bois.—H. 61 c L. 34 c.

## ÉCOLE FLAMANDE.

**111** — Tête d'homme portant la barbe.

Toile.—H. 49 c. L. 39 c.

## DE LA MÊME.

**112** — Tête d'homme avec barbe, vue de face.

Toile.—H. 49 c. L. 39 c.

## ÉCOLE HOLLANDAISE.

**113** — Le Déjeuner.

Dans une vaste salle, trois personnages sont à table.

Toile.—H. 44 c. L. 37 c.

## ÉCOLE ITALIENNE.

**114** — Buste d'une sainte.

Toile.—H. 41 c. L. 31 c.

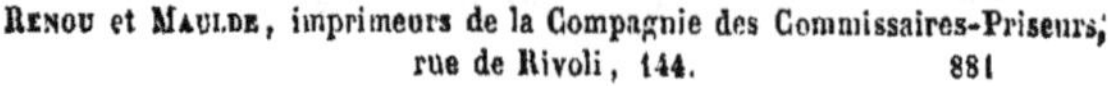

Renou et Maulde, imprimeurs de la Compagnie des Commissaires-Priseurs,
rue de Rivoli, 144.     881

# VENTE

DE

# ,M. ALBRECHT DE SCHWERRIN

On ne suivra pas l'ordre alphabétique dans lequel les tableaux sont classés.

## PREMIÈRE VACATION, LE MERCREDI 20 MARS 1861

4. BRÉCKLINCAMP (Quiryn)..... Intérieur d'un cordonnier.
6. BOL (Ferdinand)............. Portrait d'une dame hollandaise.
7. Id.      id.      ............ Portrait d'une dame hollandaise.
10. BREUGHEL (Johan)......... Fleurs et nature morte.
11. BREUGHEL (J.) Rubens et Van
      Kessel.................. Paysage animé.
12. BREUGHEL (J.) et Van Balen.. La Sainte Vierge et l'enfant Jésus.
13. BREUGHEL (Pierre) le vieux.. Vue d'un village de Flandre.
16. CALABRÈSE................. Portrait d'un vieillard.
19. CANO (Alonzo). ............ Saint Antoine de Padoue et l'enfant Jésus.
21. CIGNANI (Carlo)............ L'Amour endormi.
26. CLAUDE GELÉE (dit le Lorrain,
      attribué à)............... Vue d'un port de mer italien.
28. COYPEL.................... Flore et Zéphire.
29. DENNER (Balthazar).........: Portrait d'un prince.
32. DUGHET (Gaspard).......... Paysage avec cours d'eau.
36. DYCK (Antoine van)......... Saint en extase.
37. Id.      id.      .......... Le Christ mort.
38. Id.      id.      école de... La Vierge et l'enfant Jésus.
39. Id.      id.      id.  ... Le Portement de croix.
41. GAROFALO (Benvenuto)..... Le Mariage mystique de Ste Catherine.

1. AMBERGER (Christophe)...... Portraits de l'Empereur, Charles V et sa mère.
2. BACKER (Jacques de)......... Retour de chasse.
3. BARBIÉRI (dit le Guerchin)... L'Annonciation.
5. BOL (Ferdinand)............. Joseph dans la prison.
8. BOTICELLI................. La Vierge en adoration.
9. BRAUWER................. Intérieur d'une tabagie.
14. BREUGHEL (Pierre le vieux).. Un homme présentant un arc.
15. Id. id. .. Scène familière.
17. CANALETTI (École de)....... Vue d'une place à Venise.
18. Id. id. ....... Vue d'un canal à Venise.
20. CARRACHE (École de)....... Sainte Madeleine.
22. CRANACH (Luca). .......... Judith tenant la tête d'Holopherne.
23. Id. id. ............ Portrait de Luther.
24. Id. id. ............ Portrait de la femme de Luther.
25. CRESPI.................... Paysage historique.
27. CLAUDE GELÉE (dit le Lorrain) Paysage historique.
30. DIEZLER................... Vue prise sur les bords du Rhin.
31. Id. ............... Vue d'une ville des bords du Rhin.
33. DURER (Albert)........... .... Portrait d'une jeune dame.
34. Id. id. ............. La sainte Vierge et son divin Fils.
35. Id. (École d'Albert)....... Sainte Famille.
40. DYCK (École de van)......... Le Christ en croix.
42. HEMSKERCK (Martin)....... Fumeurs et Buveurs.
44. HOLBEIN (Hans) Attribué à... Portrait d'homme à longue barbe.
45. HOLBEIN (Attribué à)....... Portrait de Bugenhagen.
46. HOLBEIN (École de)......... Les Saintes Femmes en prière.
47. Id ................. Trois personnages.
48. Id. (Monogramme 1536). Portrait de Thomas Morus.
49. Id. (École de)........ Portrait du même personnage.
51. HUGO (Van der Goès)........ Descente de croix.
54. KORNELIS ou Corneille de Haarlem................. Sainte Marie et le Christ mort.
58. METZIS (Quentin)......... Suzanne au bain.
66. OORT (Van)................ Le Christ couronné d'épines.

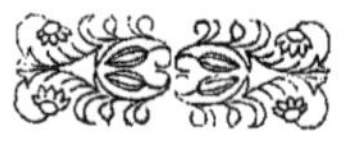

Paris. — Renou et Maulde, imprimeurs de la Compagnie des Commissaires-Priseurs,
rue de Rivoli, 144.　　　　　　1476

# VENTE

DE

# M. ALBRECHT DE SCHWERRIN

On ne suivra pas l'ordre alphabétique dans lequel les tableaux sont classés.

PREMIÈRE VACATION, LE MERCREDI 20 MARS 1861

4. BRECKLINCAMP (Quiryn)..... Intérieur d'un cordonnier.
6. BOL (Ferdinand)............ Portrait d'une dame hollandaise.
7. Id.     id.   ............ Portrait d'une dame hollandaise.
10. BREUGHEL (Johan).......... Fleurs et nature morte.
11. BREUGHEL (J.) Rubens et Van
    Kessel................... Paysage animé.
12. BREUGHEL (J.) et Van Balen.. La Sainte Vierge et l'enfant Jésus.
13. BREUGHEL (Pierre) le vieux.. Vue d'un village de Flandre.
16. CALABRÈSE................. Portrait d'un vieillard.
19. CANO (Alonzo)............. Saint Antoine de Padoue et l'enfant Jésus.
21. CIGNANI (Carlo)........... L'Amour endormi.
26. CLAUDE GELÉE (dit le Lorrain,
    attribué à)............... Vue d'un port de mer italien.
28. COYPEL.................... Flore et Zéphire.
29. DENNER (Balthazar)......... Portrait d'un prince.
32. DUGHET (Gaspard).......... Paysage avec cours d'eau.
36. DYCK (Antoine van)......... Saint en extase.
37. Id.     id.   .......... Le Christ mort.
38. Id.     id.     école de... La Vierge et l'enfant Jésus.
39. Id.     id.     id.  ... Le Portement de croix.
41. GAROFALO (Benvenuto). .. ... Le Mariage mystique de Ste Cathérine.

43. HEUCHS (Guillaume de)...... Paysage boisé, traversé par une route.
50. HOREMANS (Jean).......... Scène d'intérieur.
52. HUYSUM (Jean van) signé..... Vase de fleurs.
53. JORDAENS (Jacques)........ Chasseurs avec des chiens.
55. LEEUW (Van der)........... Paysage avec animaux.
56. LINGELBACH (Jean)......... Vue d'un château et son parc.
57.      Id.      id......... Vue d'un riche palais.
59. MIÉRIS (Guillaume).......... Portrait d'un médecin.
60. MIREVELT (Michel-Jeanson)... Portrait d'une jeune dame hollandaise.
61. MOERENHOUDT (Signé 1839).. Effet d'hiver.
62. MUSCHER.................... Scène d'intérieur.
63. NEEFS (Pierre)............. Intérieur d'église.
64. NEER (Arthur van der)....... Vue prise en Hollande.
65. NETSCHER (Gaspard)......... Portrait de jeune fille.
67. OSTADE (Isaac)............. Le Maître d'école.
72. PRINS..................... Paysage.
77. ROSALBA.................. Portrait de jeune femme.
78. RUBENS (P.-P.)............. Un Prêtre et un Ange.
79.      Id.      id. ............ Saints prosternés devant la sainte Vierge.
82. RUBENS (Attribué à)........ Portrait de la première femme de Rubens.
84. RUGENDAS................. Combat de cavalerie.
85.      Id.      ............... Id.      pendant du précédent.
86. RUYSDAEL (Jacques)......... Marine.
87.      Id.      id. ......... Marine.
88. RUYSDAEL (Jacques) Attribué à Paysage.
90. SNEYDERS (François)........ Le Singe et le Chat.
91. SON (Jean van)............. Fruits et Nature morte.
92. SPRANGER (Bartholomé)..... La Nativité.
93. TENIERS (David le jeune..... Corps de Garde.
94. TENIERS (Attribué à David).. Entrée d'un village.
95. TERBURG (Gérard).......... Portrait d'une dame hollandaise.
96. TOL (Dominique van)........ Soldats attablés.
97. TORNWLIET (Jacques)....... Un Chasseur.
98.      Id.      id. ........ Marchande de fruits.
103. ZUCARELLI. ............... Paysage.
104. ZUCHERO................... La Circoncision de Jésus.
105. WENIX (J.-B.) .............. Portrait d'homme.
106. WOUVERMANS (Jean)........ Paysage.
107. WYNANTS (Jean) ........... Paysage.
108. WYCK (Thomas) ............ Vue de ville.

1. AMBERGER (Christophe)...... Portraits de l'Empereur, Charles V et sa mère.
2. BACKER (Jacques de)........ Retour de chasse.
3. BARBIÉRI (dit le Guerchin)... L'Annonciation.
5. BOL (Ferdinand)............, Joseph dans la prison.
8. BOTICELLI................. La Vierge en adoration.
9. BRAUWER................. Intérieur d'une tabagie.
14. BREUGHEL (Pierre le vieux).. Un homme présentant un arc.
15.    Id.        id.      .. Scène familière.
17. CANALETTI (École de)...... Vue d'une place à Venise.
18.    Id.        id.    ...... Vue d'un canal à Venise.
20. CARRACHE (Ecole de)...... Sainte Madeleine.
22. CRANACH (Luca)........... Judith tenant la tête d'Holopherne.
23.    Id.        id. ........... Portrait de Luther.
24.    Id.        id. ........... Portrait de la femme de Luther.
25. CRESPI................... Paysage historique.
27. CLAUDE GELÉE (dit le Lorrain) Paysage historique.
30. DIEZLER.................. Vue prise sur les bords du Rhin.
31.    Id.  .............  ..... Vue d'une ville des bords du Rhin.
33. DURER (Albert)............ Portrait d'une jeune dame.
34.    Id.       id.  ............ La sainte Vierge et son divin Fils.
35.    Id.   (École d'Albert)....... Sainte Famille.
40. DYCK (Ecole de van)........ Le Christ en croix.
42. HEMSKERCK (Martin)....... Fumeurs et Buveurs.
44. HOLBEIN (Hans) Attribué à... Portrait d'homme à longue barbe.
45. HOLBEIN (Attribué à)....... Portrait de Bugenhagen.
46. HOLBEIN (École de)......... Les Saintes Femmes en prière.
47.    Id.   ................. Trois personnages.
48.    Id.   (Monogramme 1536). Portrait de Thomas Morus.
49.    Id.   (Ecole de)........ Portrait du même personnage.
51. HUGO (Van der Goès)........ Descente de croix.
54. KORNELIS ou Corneille de Haarlem................... Sainte Marie et le Christ mort.
58. METZIS (Quentin)........... Suzanne au bain.
66. OORT (Van)............... Le Christ couronné d'épines.

68. PALAMÈDES. . . . . . . . . . . . . . . Scène d'intérieur.
69.     Id.    . . . . . . . . . . . . . . . Pendant du précédent.
70. PIAZETTA. . . . . . . . . . . . . . . . Portrait d'un jeune garçon.
71.     Id.    . . . . . . . . . . . . . . . Pendant du précédent.
73. REMBRANDT (Ecole de). . . . . . . Seigneur escorté par des soldats.
74. REMBRANDT     Id.    . . . . . . . Mendiantes recevant l'aumône.
75. RUBUSTI (dit le Tintoret). . . . . Portrait d'un noble italien.
76. ROGER (Van der Wyde). . . . . . . Plusieurs Saints (et l'enfant Jésus).
80. RUBENS (Attribué à P.-P.). . . . . L'évêque Ambroise et Théodose.
81.     Id.          id.      . . . . Portrait de seconde femme à Rubens.
83.     Id.    (Ecole de). . . . . . . . . . Saint Paul.
89. SCHOERELL (Jean). . . . . . . . . . Sainte Madeleine.
99. UDEN (Luca van'. . . . . . . . . . . . Paysage boisé.
100. VANNUCHI (Ecole dA'ndrea del
       Sarte). . . . . . . . . . . . . . . . . . La Vierge, Jésus et saint Jean.
101. VECCHIA (Pierre de la). . . . . . . Antiochus dans le temple.
102. VONCK (C., signé 1657). . . . . . La Vierge et saint Jean.
109. ECOLE ALLEMANDE. . . . . . . . Concert champêtre.
110. ÉCOLE ALLEMANDE (Ancienne) La sainte Vierge et l'enfant Jésus.
111. ÉCOLE FLAMANDE. . . . . . . . . Tête d'homme portant la barbe.
112.        Id.     . . . . . . . . . . Tête d'homme portant la barbe.
113. ÉCOLE HOLLANDAISE. . . . . . . Le Déjeûner,
114. ÉCOLE ITALIENNE. . . . . . . . . . Buste d'une sainte.

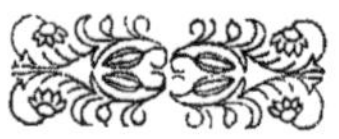

Paris. — RENOU et MAULDE, imprimeurs de la Compagnie des Commissaires-Priseurs, rue de Rivoli, 144.                 1476

# VENTE

DE

# M. ALBRECHT DE SCHWERRIN

On ne suivra pas l'ordre alphabétique dans lequel les tableaux sont classés.

## PREMIÈRE VACATION, LE MERCREDI 20 MARS 1861

4. BRÉCKLINCAMP (Quiryn)..... Intérieur d'un cordonnier.
6. BOL (Ferdinand)............ Portrait d'une dame hollandaise.
7. Id.     id.   ............ Portrait d'une dame hollandaise.
10. BREUGHEL (Johan)......... Fleurs et nature morte.
11. BREUGHEL (J.) Rubens et Van
      Kessel. ................. Paysage animé.
12. BREUGHEL (J.) et Van Balen.. La Sainte Vierge et l'enfant Jésus.
13. BREUGHEL (Pierre) le vieux.. Vue d'un village de Flandre.
16. CALABRÈSE................ Portrait d'un vieillard.
19. CANO (Alonzo). ............ Saint Antoine de Padoue et l'enfant Jésus.
21. CIGNANI (Carlo)............ L'Amour endormi.
26. CLAUDE GELÉE (dit le Lorrain,
      attribué à)............... Vue d'un port de mer italien.
28. COYPEL. .................. Flore et Zéphire.
29. DENNER (Balthazar)......... Portrait d'un prince.
32. DUGHET (Gaspard)......... Paysage avec cours d'eau.
36. DYCK (Antoine van)......... Saint en extase.
37. Id.     id.   .......... Le Christ mort.
38. Id.     id.     école de... La Vierge et l'enfant Jésus.
39. Id.     id.     id. ... Le Portement de croix.
41. GAROFALO (Benvenuto)..... Le Mariage mystique de Ste Catherine.

43. HEUCHS (Guillaume de)...... Paysage boisé, traversé par une route.
50. HOREMANS (Jean)........... Scène d'intérieur.
52. HUYSUM (Jean van) signé..... Vase de fleurs.
53. JORDAENS (Jacques)......... Chasseurs avec des chiens.
55. LEEUW (Van der)........... Paysage avec animaux.
56. LINGELBACH (Jean)......... Vue d'un château et son parc.
57.     Id.     id. .......... Vue d'un riche palais.
59. MIÉRIS (Guillaume)......... Portrait d'un médecin.
60. MIREVELT (Michel-Jeanson)... Portrait d'une jeune dame hollandaise.
61. MOERENHOUDT (Signé 1839).. Effet d'hiver.
62. MUSCHER.................. Scène d'intérieur.
63. NEEFS (Pierre)............. Intérieur d'église.
64. NEER (Arthur van der)....... Vue prise en Hollande.
65. NETSCHER (Gaspard)........ Portrait de jeune fille.
67. OSTADE (Isaac)............. Le Maître d'école.
72. PRINS.................... Paysage.
77. ROSALBA................. Portrait de jeune femme.
78. RUBENS (P.-P.)............. Un Prêtre et un Ange.
79.     Id.     id. ........... Saints prosternés devant la sainte Vierge.
82. RUBENS (Attribué à)........ Portrait de la première femme de Rubens.
84. RUGENDAS................ Combat de cavalerie.
85.     Id.    ............... Id.    pendant du précédent.
86. RUYSDAEL (Jacques)........ Marine.
87.     Id.     id  ........ Marine.
88. RUYSDAEL (Jacques) Attribué à Paysage.
90. SNEYDERS (François)....... Le Singe et le Chat.
91. SON (Jean van)............. Fruits et Nature morte.
92. SPRANGER (Bartholomé)..... La Nativité.
93. TENIERS (David le jeune..... Corps de Garde.
94. TENIERS (Attribué à David).. Entrée d'un village.
95. TERBURG (Gérard). ........ Portrait d'une dame hollandaise.
96. TOL (Dominique van)........ Soldats attablés.
97. TORNWLIET (Jacques). ...... Un Chasseur.
98.     Id.     id. ........ Marchande de fruits.
103. ZUCARELLI. ............... Paysage.
104. ZUCHERO.................. La Circoncision de Jésus.
105. WENIX (J.-B.). ............. Portrait d'homme.
106. WOUVERMANS (Jean)........ Paysage.
107. WYNANTS (Jean). ........... Paysage.
108. WYCK (Thomas). ........... Vue de ville.

1. AMBERGER (Christophe)...... Portraits de l'Empereur, Charles V et sa mère.
2. BACKER (Jacques de)........ Retour de chasse.
3. BARBIÉRI (dit le Guerchin)... L'Annonciation.
5. BOL (Ferdinand)............ Joseph dans la prison.
8. BOTICELLI................. La Vierge en adoration.
9. BRAUWER.................. Intérieur d'une tabagie.
14. BREUGHEL (Pierre le vieux).. Un homme présentant un arc.
15.    Id.         id.      .. Scène familière.
17. CANALETTI (École de)....... Vue d'une place à Venise.
18.    Id.         id.     ....... Vue d'un canal à Venise.
20. CARRACHE (Ecole de)....... Sainte Madeleine.
22. CRANACH (Luca). .......... Judith tenant la tête d'Holopherne.
23.    Id.         id. ............ Portrait de Luther.
24.    Id.         id. ............ Portrait de la femme de Luther.
25. CRESPI.................... Paysage historique.
27. CLAUDE GELÉE (dit le Lorrain) Paysage historique.
30. DIEZLER................... Vue prise sur les bords du Rhin.
31.    Id. ................ Vue d'une ville des bords du Rhin.
33. DURER (Albert)............. Portrait d'une jeune dame.
34.    Id.      id. ............ La sainte Vierge et son divin Fils.
35.    Id.   (École d'Albert)........ Sainte Famille.
40. DYCK (Ecole de van)......... Le Christ en croix.
42. HEMSKERCK (Martin)....... Fumeurs et Buveurs.
44. HOLBEIN (Hans) Attribué à... Portrait d'homme à longue barbe.
45. HOLBEIN (Attribué à)........ Portrait de Bugenhagen.
46. HOLBEIN (École de)......... Les Saintes Femmes en prière.
47.    Id.      ................. Trois personnages.
48.    Id.    (Monogramme 1536). Portrait de Thomas Morus.
49.    Id.    (Ecole de)........ Portrait du même personnage.
51. HUGO (Van der Goès)........ Descente de croix.
54. KORNELIS ou Corneille de
       Haarlem.................. Sainte Marie et le Christ mort.
58. METZIS (Quentin)........... Suzanne au bain.
66. OORT (Van)................ Le Christ couronné d'épines.

68. PALAMÈDES . . . . . . . . . . . . . . . Scène d'intérieur.
69.    Id.    . . . . . . . . . . . . . . Pendant du précédent.
70. PIAZETTA. . . . . . . . . . . . . . . Portrait d'un jeune garçon.
71.    Id.    . . . . . . . . . . . . . . Pendant du précédent.
73. REMBRANDT (Ecole de). . . . . . . Seigneur escorté par des soldats.
74. REMBRANDT    Id.    . . . . . . . Mendiantes recevant l'aumône.
75. RUBUSTI (dit le Tintoret). . . . . Portrait d'un noble italien.
76. ROGER (Van der Wyde). . . . . . Plusieurs Saints (et l'enfant Jésus).
80. RUBENS (Attribué à P.-P.). . . . L'évêque Ambroise et Théodose.
81.    Id.    id.    . . . . Portrait de seconde femme à Rubens.
83.    Id.    (Ecole de). . . . . . . . . . Saint Paul.
89. SCHOERELL (Jean). . . . . . . . . . Sainte Madeleine.
99. UDEN (Luca van). . . . . . . . . . . Paysage boisé.
100. VANNUCHI (Ecole dA'ndrea del

Sarte). . . . . . . . . . . . . . . . . . . La Vierge, Jésus et saint Jean.
101. VECCHIA (Pierre de la). . . . . . . Antiochus dans le temple.
102. VONCK (C., signé 1657). . . . . . La Vierge et saint Jean.
109. ÉCOLE ALLEMANDE. . . . . . . . Concert champêtre.
110. ÉCOLE ALLEMANDE (Ancienne) La sainte Vierge et l'enfant Jésus.
111. ÉCOLE FLAMANDE. . . . . . . . . Tête d'homme portant la barbe.
112.    Id.    . . . . . . . . . Tête d'homme portant la barbe.
113. ÉCOLE HOLLANDAISE. . . . . . . Le Déjeûner,
114. ÉCOLE ITALIENNE. . . . . . . . . Buste d'une sainte.

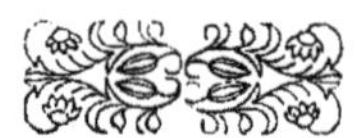

Paris. — RENOU et MAULDE, imprimeurs de la Compagnie des Commissaires-Priseurs,
rue de Rivoli, 144.    1476

www.ingramcontent.com/pod-product-compliance
Ingram Content Group UK Ltd.
Pitfield, Milton Keynes, MK11 3LW, UK
UKHW031739170726
13836UKWH00002B/751